This planner belongs to

AT A GLANCE

	JANUARY	FEBRUARY	MARCH	APRIL	MAY	JUNE
1	WED	SAT	SUN	WED	FRI	MON
2	THU	SUN	MON	THU	SAT	TUE
3	FRI	MON	TUE	FRI	SUN	WED
4	SAT	TUE	WED	SAT	MON	THU
5	SUN	WED	THU	SUN	TUE	FRI
6	MON	THU	FRI	MON	WED	SAT
7	TUE	FRI	SAT	TUE	THU	SUN
8	WED	SAT	SUN	WED	FRI	MON
9	THU	SUN	MON	THU	SAT	TUE
10	FRI	MON	TUE	FRI	SUN	WED
11	SAT	TUE	WED	SAT	MON	THU
12	SUN	WED	THU	SUN	TUE	FRI
13	MON	THU	FRI	MON	WED	SAT
14	TUE	FRI	SAT	TUE	THU	SUN
15	WED	SAT	SUN	WED	FRI	MON
16	THU	SUN	MON	THU	SAT	TUE
17	FRI	MON	TUE	FRI	SUN	WED
18	SAT	TUE	WED	SAT	MON	THU
19	SUN	WED	THU	SUN	TUE	FRI
20	MON	THU	FRI	MON	WED	SAT
21	TUE	FRI	SAT	TUE	THU	SUN
22	WED	SAT	SUN	WED	FRI	MON
23	THU	SUN	MON	THU	SAT	TUE
24	FRI	MON	TUE	FRI	SUN	WED
25	SAT	TUE	WED	SAT	MON	THU
26	SUN	WED	THU	SUN	TUE	FRI
27	MON	THU	FRI	MON	WED	SAT
28	TUE	FRI	SAT	TUE	THU	SUN
29	WED	SAT	SUN	WED	FRI	MON
30	THU		MON	THU	SAT	TUE
31	FRI		TUE		SUN	

2020

JULY	AUGUST	SEPTEMBER	OCTOBER	NOVEMBER	DECEMBER	
WED	SAT	TUE	THU	SUN	TUE	1
THU	SUN	WED	FRI	MON	WED	2
FRI	MON	THU	SAT	TUE	THU	3
SAT	TUE	FRI	SUN	WED	FRI	4
SUN	WED	SAT	MON	THU	SAT	5
MON	THU	SUN	TUE	FRI	SUN	6
TUE	FRI	MON	WED	SAT	MON	7
WED	SAT	TUE	THU	SUN	TUE	8
THU	SUN	WED	FRI	MON	WED	9
FRI	MON	THU	SAT	TUE	THU	10
SAT	TUE	FRI	SUN	WED	FRI	11
SUN	WED	SAT	MON	THU	SAT	12
MON	THU	SUN	TUE	FRI	SUN	13
TUE	FRI	MON	WED	SAT	MON	14
WED	SAT	TUE	THU	SUN	TUE	15
THU	SUN	WED	FRI	MON	WED	16
FRI	MON	THU	SAT	TUE	THU	17
SAT	TUE	FRI	SUN	WED	FRI	18
SUN	WED	SAT	MON	THU	SAT	19
MON	THU	SUN	TUE	FRI	SUN	20
TUE	FRI	MON	WED	SAT	MON	21
WED	SAT	TUE	THU	SUN	TUE	22
THU	SUN	WED	FRI	MON	WED	23
FRI	MON	THU	SAT	TUE	THU	24
SAT	TUE	FRI	SUN	WED	FRI	25
SUN	WED	SAT	MON	THU	SAT	26
MON	THU	SUN	TUE	FRI	SUN	27
TUE	FRI	MON	WED	SAT	MON	28
WED	SAT	TUE	THU	SUN	TUE	29
THU	SUN	WED	FRI	MON	WED	30
FRI	MON		SAT		THU	31

AT A GLANCE

	JANUARY	FEBRUARY	MARCH	APRIL	MAY	JUNE
1	FRI	MON	MON	THU	SAT	TUE
2	SAT	TUE	TUE	FRI	SUN	WED
3	SUN	WED	WED	SAT	MON	THU
4	MON	THU	THU	SUN	TUE	FRI
5	TUE	FRI	FRI	MON	WED	SAT
6	WED	SAT	SAT	TUE	THU	SUN
7	THU	SUN	SUN	WED	FRI	MON
8	FRI	MON	MON	THU	SAT	TUE
9	SAT	TUE	TUE	FRI	SUN	WED
10	SUN	WED	WED	SAT	MON	THU
11	MON	THU	THU	SUN	TUE	FRI
12	TUE	FRI	FRI	MON	WED	SAT
13	WED	SAT	SAT	TUE	THU	SUN
14	THU	SUN	SUN	WED	FRI	MON
15	FRI	MON	MON	THU	SAT	TUE
16	SAT	TUE	TUE	FRI	SUN	WED
17	SUN	WED	WED	SAT	MON	THU
18	MON	THU	THU	SUN	TUE	FRI
19	TUE	FRI	FRI	MON	WED	SAT
20	WED	SAT	SAT	TUE	THU	SUN
21	THU	SUN	SUN	WED	FRI	MON
22	FRI	MON	MON	THU	SAT	TUE
23	SAT	TUE	TUE	FRI	SUN	WED
24	SUN	WED	WED	SAT	MON	THU
25	MON	THU	THU	SUN	TUE	FRI
26	TUE	FRI	FRI	MON	WED	SAT
27	WED	SAT	SAT	TUE	THU	SUN
28	THU	SUN	SUN	WED	FRI	MON
29	FRI		MON	THU	SAT	TUE
30	SAT		TUE	FRI	SUN	WED
31	SUN		WED		MON	

2021

JULY	AUGUST	SEPTEMBER	OCTOBER	NOVEMBER	DECEMBER	
THU	SUN	WED	FRI	MON	WED	1
FRI	MON	THU	SAT	TUE	THU	2
SAT	TUE	FRI	SUN	WED	FRI	3
SUN	WED	SAT	MON	THU	SAT	4
MON	THU	SUN	TUE	FRI	SUN	5
TUE	FRI	MON	WED	SAT	MON	6
WED	SAT	TUE	THU	SUN	TUE	7
THU	SUN	WED	FRI	MON	WED	8
FRI	MON	THU	SAT	TUE	THU	9
SAT	TUE	FRI	SUN	WED	FRI	10
SUN	WED	SAT	MON	THU	SAT	11
MON	THU	SUN	TUE	FRI	SUN	12
TUE	FRI	MON	WED	SAT	MON	13
WED	SAT	TUE	THU	SUN	TUE	14
THU	SUN	WED	FRI	MON	WED	15
FRI	MON	THU	SAT	TUE	THU	16
SAT	TUE	FRI	SUN	WED	FRI	17
SUN	WED	SAT	MON	THU	SAT	18
MON	THU	SUN	TUE	FRI	SUN	19
TUE	FRI	MON	WED	SAT	MON	20
WED	SAT	TUE	THU	SUN	TUE	21
THU	SUN	WED	FRI	MON	WED	22
FRI	MON	THU	SAT	TUE	THU	23
SAT	TUE	FRI	SUN	WED	FRI	24
SUN	WED	SAT	MON	THU	SAT	25
MON	THU	SUN	TUE	FRI	SUN	26
TUE	FRI	MON	WED	SAT	MON	27
WED	SAT	TUE	THU	SUN	TUE	28
THU	SUN	WED	FRI	MON	WED	29
FRI	MON	THU	SAT	TUE	THU	30
SAT	TUE		SUN		FRI	31

29 MONDAY	30 TUESDAY	1 WEDNESDAY	2 THURSDAY
7	7	7	7
8	8	8	8
9	9	9	9
10	10	10	10
11	11	11	11
12 PM	12 PM	12 PM	12 PM
1	1	1	1
2	2	2	2
3	3	3	3
4	4	4	4
5	5	5	5
6	6	6	6
7	7	7	7
8	8	8	8
9	9	9	9

JULY 2020
WK 27

3 FRIDAY	4 SATURDAY	5 SUNDAY
7	7	7
8	8	8
9	9	9
10	10	10
11	11	11
12 PM	12 PM	12 PM
1	1	1
2	2	2
3	3	3
4	4	4
5	5	5
6	6	6
7	7	7
8	8	8
9	9	9

Notes

To-Do

6 MONDAY	7 TUESDAY	8 WEDNESDAY	9 THURSDAY
7	7	7	7
8	8	8	8
9	9	9	9
10	10	10	10
11	11	11	11
12 PM	12 PM	12 PM	12 PM
1	1	1	1
2	2	2	2
3	3	3	3
4	4	4	4
5	5	5	5
6	6	6	6
7	7	7	7
8	8	8	8
9	9	9	9

10 FRIDAY | 11 SATURDAY | 12 SUNDAY

FRIDAY	SATURDAY	SUNDAY
7	7	7
8	8	8
9	9	9
10	10	10
11	11	11
12 PM	12 PM	12 PM
1	1	1
2	2	2
3	3	3
4	4	4
5	5	5
6	6	6
7	7	7
8	8	8
9	9	9

Notes

To-Do

13 MONDAY	14 TUESDAY	15 WEDNESDAY	16 THURSDAY
7	7	7	7
8	8	8	8
9	9	9	9
10	10	10	10
11	11	11	11
12 PM	12 PM	12 PM	12 PM
1	1	1	1
2	2	2	2
3	3	3	3
4	4	4	4
5	5	5	5
6	6	6	6
7	7	7	7
8	8	8	8
9	9	9	9

JULY 2020
WK 29

17 FRIDAY	18 SATURDAY	19 SUNDAY
7	7	7
8	8	8
9	9	9
10	10	10
11	11	11
12 PM	12 PM	12 PM
1	1	1
2	2	2
3	3	3
4	4	4
5	5	5
6	6	6
7	7	7
8	8	8
9	9	9

Notes

To-Do

20 MONDAY

7
8
9
10
11
12 PM
1
2
3
4
5
6
7
8
9

21 TUESDAY

7
8
9
10
11
12 PM
1
2
3
4
5
6
7
8
9

22 WEDNESDAY

7
8
9
10
11
12 PM
1
2
3
4
5
6
7
8
9

23 THURSDAY

7
8
9
10
11
12 PM
1
2
3
4
5
6
7
8
9

24 FRIDAY	25 SATURDAY	26 SUNDAY
7	7	7
8	8	8
9	9	9
10	10	10
11	11	11
12 PM	12 PM	12 PM
1	1	1
2	2	2
3	3	3
4	4	4
5	5	5
6	6	6
7	7	7
8	8	8
9	9	9

Notes

To-Do

- ○
- ○
- ○
- ○
- ○
- ○
- ○
- ○
- ○
- ○
- ○
- ○
- ○
- ○

27 MONDAY	28 TUESDAY	29 WEDNESDAY	30 THURSDAY
7	7	7	7
8	8	8	8
9	9	9	9
10	10	10	10
11	11	11	11
12 PM	12 PM	12 PM	12 PM
1	1	1	1
2	2	2	2
3	3	3	3
4	4	4	4
5	5	5	5
6	6	6	6
7	7	7	7
8	8	8	8
9	9	9	9

AUGUST 2020
WK 31

31 FRIDAY

7
8
9
10
11
12 PM
1
2
3
4
5
6
7
8
9

1 SATURDAY

7
8
9
10
11
12 PM
1
2
3
4
5
6
7
8
9

2 SUNDAY

7
8
9
10
11
12 PM
1
2
3
4
5
6
7
8
9

Notes

To-Do

3 MONDAY

7
8
9
10
11
12 PM
1
2
3
4
5
6
7
8
9

4 TUESDAY

7
8
9
10
11
12 PM
1
2
3
4
5
6
7
8
9

5 WEDNESDAY

7
8
9
10
11
12 PM
1
2
3
4
5
6
7
8
9

6 THURSDAY

7
8
9
10
11
12 PM
1
2
3
4
5
6
7
8
9

AUGUST 2020
WK 32

7 FRIDAY	8 SATURDAY	9 SUNDAY	Notes
7	7	7	
8	8	8	
9	9	9	
10	10	10	
11	11	11	
12 PM	12 PM	12 PM	
1	1	1	
2	2	2	
3	3	3	To-Do
4	4	4	
5	5	5	
6	6	6	
7	7	7	
8	8	8	
9	9	9	

10 MONDAY

7

8

9

10

11

12 PM

1

2

3

4

5

6

7

8

9

11 TUESDAY

7

8

9

10

11

12 PM

1

2

3

4

5

6

7

8

9

12 WEDNESDAY

7

8

9

10

11

12 PM

1

2

3

4

5

6

7

8

9

13 THURSDAY

7

8

9

10

11

12 PM

1

2

3

4

5

6

7

8

9

AUGUST 2020
WK 33

14 FRIDAY	15 SATURDAY	16 SUNDAY
7	7	7
8	8	8
9	9	9
10	10	10
11	11	11
12 PM	12 PM	12 PM
1	1	1
2	2	2
3	3	3
4	4	4
5	5	5
6	6	6
7	7	7
8	8	8
9	9	9

Notes

To-Do

17 MONDAY

7

8

9

10

11

12 PM

1

2

3

4

5

6

7

8

9

18 TUESDAY

7

8

9

10

11

12 PM

1

2

3

4

5

6

7

8

9

19 WEDNESDAY

7

8

9

10

11

12 PM

1

2

3

4

5

6

7

8

9

20 THURSDAY

7

8

9

10

11

12 PM

1

2

3

4

5

6

7

8

9

21 FRIDAY	22 SATURDAY	23 SUNDAY	Notes
7	7	7	
8	8	8	
9	9	9	
10	10	10	
11	11	11	
12 PM	12 PM	12 PM	
1	1	1	
2	2	2	
3	3	3	To-Do
4	4	4	○
			○
5	5	5	○
			○
6	6	6	○
			○
7	7	7	○
			○
8	8	8	○
			○
9	9	9	○
			○
			○
			○

24 MONDAY	25 TUESDAY	26 WEDNESDAY	27 THURSDAY
7	7	7	7
8	8	8	8
9	9	9	9
10	10	10	10
11	11	11	11
12 PM	12 PM	12 PM	12 PM
1	1	1	1
2	2	2	2
3	3	3	3
4	4	4	4
5	5	5	5
6	6	6	6
7	7	7	7
8	8	8	8
9	9	9	9

AUGUST 2020
WK 35

28 FRIDAY	29 SATURDAY	30 SUNDAY
7	7	7
8	8	8
9	9	9
10	10	10
11	11	11
12 PM	12 PM	12 PM
1	1	1
2	2	2
3	3	3
4	4	4
5	5	5
6	6	6
7	7	7
8	8	8
9	9	9

Notes

To-Do

○
○
○
○
○
○
○
○
○
○
○
○
○
○

31 MONDAY	1 TUESDAY	2 WEDNESDAY	3 THURSDAY
7	7	7	7
8	8	8	8
9	9	9	9
10	10	10	10
11	11	11	11
12 PM	12 PM	12 PM	12 PM
1	1	1	1
2	2	2	2
3	3	3	3
4	4	4	4
5	5	5	5
6	6	6	6
7	7	7	7
8	8	8	8
9	9	9	9

4 FRIDAY	5 SATURDAY	6 SUNDAY
7	7	7
8	8	8
9	9	9
10	10	10
11	11	11
12 PM	12 PM	12 PM
1	1	1
2	2	2
3	3	3
4	4	4
5	5	5
6	6	6
7	7	7
8	8	8
9	9	9

Notes

To-Do

- ○
- ○
- ○
- ○
- ○
- ○
- ○
- ○
- ○
- ○
- ○
- ○
- ○
- ○

7 MONDAY

7
8
9
10
11
12 PM
1
2
3
4
5
6
7
8
9

8 TUESDAY

7
8
9
10
11
12 PM
1
2
3
4
5
6
7
8
9

9 WEDNESDAY

7
8
9
10
11
12 PM
1
2
3
4
5
6
7
8
9

10 THURSDAY

7
8
9
10
11
12 PM
1
2
3
4
5
6
7
8
9

11 FRIDAY

7
8
9
10
11
12 PM
1
2
3
4
5
6
7
8
9

12 SATURDAY

7
8
9
10
11
12 PM
1
2
3
4
5
6
7
8
9

13 SUNDAY

7
8
9
10
11
12 PM
1
2
3
4
5
6
7
8
9

Notes

To-Do

14 MONDAY	15 TUESDAY	16 WEDNESDAY	17 THURSDAY
7	7	7	7
8	8	8	8
9	9	9	9
10	10	10	10
11	11	11	11
12 PM	12 PM	12 PM	12 PM
1	1	1	1
2	2	2	2
3	3	3	3
4	4	4	4
5	5	5	5
6	6	6	6
7	7	7	7
8	8	8	8
9	9	9	9

18 FRIDAY	19 SATURDAY	20 SUNDAY
7	7	7
8	8	8
9	9	9
10	10	10
11	11	11
12 PM	12 PM	12 PM
1	1	1
2	2	2
3	3	3
4	4	4
5	5	5
6	6	6
7	7	7
8	8	8
9	9	9

Notes

to-do

21 MONDAY

7
8
9
10
11
12 PM
1
2
3
4
5
6
7
8
9

22 TUESDAY

7
8
9
10
11
12 PM
1
2
3
4
5
6
7
8
9

23 WEDNESDAY

7
8
9
10
11
12 PM
1
2
3
4
5
6
7
8
9

24 THURSDAY

7
8
9
10
11
12 PM
1
2
3
4
5
6
7
8
9

25 FRIDAY

7
8
9
10
11
12 PM
1
2
3
4
5
6
7
8
9

26 SATURDAY

7
8
9
10
11
12 PM
1
2
3
4
5
6
7
8
9

27 SUNDAY

7
8
9
10
11
12 PM
1
2
3
4
5
6
7
8
9

Notes

To-Do

28 MONDAY	29 TUESDAY	30 WEDNESDAY	1 THURSDAY
7	7	7	7
8	8	8	8
9	9	9	9
10	10	10	10
11	11	11	11
12 PM	12 PM	12 PM	12 PM
1	1	1	1
2	2	2	2
3	3	3	3
4	4	4	4
5	5	5	5
6	6	6	6
7	7	7	7
8	8	8	8
9	9	9	9

2 FRIDAY	3 SATURDAY	4 SUNDAY
7	7	7
8	8	8
9	9	9
10	10	10
11	11	11
12 PM	12 PM	12 PM
1	1	1
2	2	2
3	3	3
4	4	4
5	5	5
6	6	6
7	7	7
8	8	8
9	9	9

Notes

To-Do

- ○
- ○
- ○
- ○
- ○
- ○
- ○
- ○
- ○
- ○
- ○
- ○
- ○
- ○

5 MONDAY	6 TUESDAY	7 WEDNESDAY	8 THURSDAY
7	7	7	7
8	8	8	8
9	9	9	9
10	10	10	10
11	11	11	11
12 PM	12 PM	12 PM	12 PM
1	1	1	1
2	2	2	2
3	3	3	3
4	4	4	4
5	5	5	5
6	6	6	6
7	7	7	7
8	8	8	8
9	9	9	9

OCTOBER 2020
WK 41

9 FRIDAY	10 SATURDAY	11 SUNDAY
7	7	7
8	8	8
9	9	9
10	10	10
11	11	11
12 PM	12 PM	12 PM
1	1	1
2	2	2
3	3	3
4	4	4
5	5	5
6	6	6
7	7	7
8	8	8
9	9	9

Notes

To-Do

- ○
- ○
- ○
- ○
- ○
- ○
- ○
- ○
- ○
- ○
- ○
- ○
- ○
- ○

12 MONDAY

7

8

9

10

11

12 PM

1

2

3

4

5

6

7

8

9

13 TUESDAY

7

8

9

10

11

12 PM

1

2

3

4

5

6

7

8

9

14 WEDNESDAY

7

8

9

10

11

12 PM

1

2

3

4

5

6

7

8

9

15 THURSDAY

7

8

9

10

11

12 PM

1

2

3

4

5

6

7

8

9

WK 42

16 FRIDAY	17 SATURDAY	18 SUNDAY
7	7	7
8	8	8
9	9	9
10	10	10
11	11	11
12 PM	12 PM	12 PM
1	1	1
2	2	2
3	3	3
4	4	4
5	5	5
6	6	6
7	7	7
8	8	8
9	9	9

Notes

To-Do

- ○
- ○
- ○
- ○
- ○
- ○
- ○
- ○
- ○
- ○
- ○
- ○
- ○
- ○

19 MONDAY

7
8
9
10
11
12 PM
1
2
3
4
5
6
7
8
9

20 TUESDAY

7
8
9
10
11
12 PM
1
2
3
4
5
6
7
8
9

21 WEDNESDAY

7
8
9
10
11
12 PM
1
2
3
4
5
6
7
8
9

22 THURSDAY

7
8
9
10
11
12 PM
1
2
3
4
5
6
7
8
9

23 FRIDAY	24 SATURDAY	25 SUNDAY
7	7	7
8	8	8
9	9	9
10	10	10
11	11	11
12 PM	12 PM	12 PM
1	1	1
2	2	2
3	3	3
4	4	4
5	5	5
6	6	6
7	7	7
8	8	8
9	9	9

Notes

To-Do

- ○
- ○
- ○
- ○
- ○
- ○
- ○
- ○
- ○
- ○
- ○
- ○
- ○
- ○

26 MONDAY	27 TUESDAY	28 WEDNESDAY	29 THURSDAY
7	7	7	7
8	8	8	8
9	9	9	9
10	10	10	10
11	11	11	11
12 PM	12 PM	12 PM	12 PM
1	1	1	1
2	2	2	2
3	3	3	3
4	4	4	4
5	5	5	5
6	6	6	6
7	7	7	7
8	8	8	8
9	9	9	9

30 FRIDAY

7
8
9
10
11
12 PM
1
2
3
4
5
6
7
8
9

31 SATURDAY

7
8
9
10
11
12 PM
1
2
3
4
5
6
7
8
9

1 SUNDAY

7
8
9
10
11
12 PM
1
2
3
4
5
6
7
8
9

Notes

To-Do

- ○
- ○
- ○
- ○
- ○
- ○
- ○
- ○
- ○
- ○
- ○
- ○
- ○
- ○

2 MONDAY	3 TUESDAY	4 WEDNESDAY	5 THURSDAY
7	7	7	7
8	8	8	8
9	9	9	9
10	10	10	10
11	11	11	11
12 PM	12 PM	12 PM	12 PM
1	1	1	1
2	2	2	2
3	3	3	3
4	4	4	4
5	5	5	5
6	6	6	6
7	7	7	7
8	8	8	8
9	9	9	9

NOVEMBER 2020
WK 45

6 FRIDAY

7
8
9
10
11
12 PM
1
2
3
4
5
6
7
8
9

7 SATURDAY

7
8
9
10
11
12 PM
1
2
3
4
5
6
7
8
9

8 SUNDAY

7
8
9
10
11
12 PM
1
2
3
4
5
6
7
8
9

Notes

To-Do

9 MONDAY	10 TUESDAY	11 WEDNESDAY	12 THURSDAY
7	7	7	7
8	8	8	8
9	9	9	9
10	10	10	10
11	11	11	11
12 PM	12 PM	12 PM	12 PM
1	1	1	1
2	2	2	2
3	3	3	3
4	4	4	4
5	5	5	5
6	6	6	6
7	7	7	7
8	8	8	8
9	9	9	9

NOVEMBER 2020
WK 46

13 FRIDAY	14 SATURDAY	15 SUNDAY
7	7	7
8	8	8
9	9	9
10	10	10
11	11	11
12 PM	12 PM	12 PM
1	1	1
2	2	2
3	3	3
4	4	4
5	5	5
6	6	6
7	7	7
8	8	8
9	9	9

Notes

To-Do

○
○
○
○
○
○
○
○
○
○
○
○
○
○

16 MONDAY

7

8

9

10

11

12 PM

1

2

3

4

5

6

7

8

9

17 TUESDAY

7

8

9

10

11

12 PM

1

2

3

4

5

6

7

8

9

18 WEDNESDAY

7

8

9

10

11

12 PM

1

2

3

4

5

6

7

8

9

19 THURSDAY

7

8

9

10

11

12 PM

1

2

3

4

5

6

7

8

9

NOVEMBER 2020
WK 47

20 FRIDAY

7
8
9
10
11
12 PM
1
2
3
4
5
6
7
8
9

21 SATURDAY

7
8
9
10
11
12 PM
1
2
3
4
5
6
7
8
9

22 SUNDAY

7
8
9
10
11
12 PM
1
2
3
4
5
6
7
8
9

Notes

to-do

- ○
- ○
- ○
- ○
- ○
- ○
- ○
- ○
- ○
- ○
- ○
- ○
- ○
- ○

23 MONDAY

7

8

9

10

11

12 PM

1

2

3

4

5

6

7

8

9

24 TUESDAY

7

8

9

10

11

12 PM

1

2

3

4

5

6

7

8

9

25 WEDNESDAY

7

8

9

10

11

12 PM

1

2

3

4

5

6

7

8

9

26 THURSDAY

7

8

9

10

11

12 PM

1

2

3

4

5

6

7

8

9

WK 48

27 FRIDAY	28 SATURDAY	29 SUNDAY
7	7	7
8	8	8
9	9	9
10	10	10
11	11	11
12 PM	12 PM	12 PM
1	1	1
2	2	2
3	3	3
4	4	4
5	5	5
6	6	6
7	7	7
8	8	8
9	9	9

Notes

To-Do

30 MONDAY	1 TUESDAY	2 WEDNESDAY	3 THURSDAY
7	7	7	7
8	8	8	8
9	9	9	9
10	10	10	10
11	11	11	11
12 PM	12 PM	12 PM	12 PM
1	1	1	1
2	2	2	2
3	3	3	3
4	4	4	4
5	5	5	5
6	6	6	6
7	7	7	7
8	8	8	8
9	9	9	9

DECEMBER **2020**

WK 49

4 FRIDAY

7

8

9

10

11

12 PM

1

2

3

4

5

6

7

8

9

5 SATURDAY

7

8

9

10

11

12 PM

1

2

3

4

5

6

7

8

9

6 SUNDAY

7

8

9

10

11

12 PM

1

2

3

4

5

6

7

8

9

Notes

To-Do

- ○
- ○
- ○
- ○
- ○
- ○
- ○
- ○
- ○
- ○
- ○
- ○
- ○
- ○

7 MONDAY	8 TUESDAY	9 WEDNESDAY	10 THURSDAY
7	7	7	7
8	8	8	8
9	9	9	9
10	10	10	10
11	11	11	11
12 PM	12 PM	12 PM	12 PM
1	1	1	1
2	2	2	2
3	3	3	3
4	4	4	4
5	5	5	5
6	6	6	6
7	7	7	7
8	8	8	8
9	9	9	9

11 FRIDAY	12 SATURDAY	13 SUNDAY
7	7	7
8	8	8
9	9	9
10	10	10
11	11	11
12 PM	12 PM	12 PM
1	1	1
2	2	2
3	3	3
4	4	4
5	5	5
6	6	6
7	7	7
8	8	8
9	9	9

Notes

To-Do

- ○
- ○
- ○
- ○
- ○
- ○
- ○
- ○
- ○
- ○
- ○
- ○
- ○
- ○

14 MONDAY

7
8
9
10
11
12 PM
1
2
3
4
5
6
7
8
9

15 TUESDAY

7
8
9
10
11
12 PM
1
2
3
4
5
6
7
8
9

16 WEDNESDAY

7
8
9
10
11
12 PM
1
2
3
4
5
6
7
8
9

17 THURSDAY

7
8
9
10
11
12 PM
1
2
3
4
5
6
7
8
9

DECEMBER 2020
WK 51

18 FRIDAY

7
8
9
10
11
12 PM
1
2
3
4
5
6
7
8
9

19 SATURDAY

7
8
9
10
11
12 PM
1
2
3
4
5
6
7
8
9

20 SUNDAY

7
8
9
10
11
12 PM
1
2
3
4
5
6
7
8
9

Notes

To-Do

- ○
- ○
- ○
- ○
- ○
- ○
- ○
- ○
- ○
- ○
- ○
- ○
- ○
- ○

21 MONDAY

7
8
9
10
11
12 PM
1
2
3
4
5
6
7
8
9

22 TUESDAY

7
8
9
10
11
12 PM
1
2
3
4
5
6
7
8
9

23 WEDNESDAY

7
8
9
10
11
12 PM
1
2
3
4
5
6
7
8
9

24 THURSDAY

7
8
9
10
11
12 PM
1
2
3
4
5
6
7
8
9

WK 52

25 FRIDAY	26 SATURDAY	27 SUNDAY
7	7	7
8	8	8
9	9	9
10	10	10
11	11	11
12 PM	12 PM	12 PM
1	1	1
2	2	2
3	3	3
4	4	4
5	5	5
6	6	6
7	7	7
8	8	8
9	9	9

Notes

To-Do

- ○
- ○
- ○
- ○
- ○
- ○
- ○
- ○
- ○
- ○
- ○
- ○
- ○
- ○

28 MONDAY

7
8
9
10
11
12 PM
1
2
3
4
5
6
7
8
9

29 TUESDAY

7
8
9
10
11
12 PM
1
2
3
4
5
6
7
8
9

30 WEDNESDAY

7
8
9
10
11
12 PM
1
2
3
4
5
6
7
8
9

31 THURSDAY

7
8
9
10
11
12 PM
1
2
3
4
5
6
7
8
9

DECEMBER 2020

WK 53

1 FRIDAY	2 SATURDAY	3 SUNDAY
7	7	7
8	8	8
9	9	9
10	10	10
11	11	11
12 PM	12 PM	12 PM
1	1	1
2	2	2
3	3	3
4	4	4
5	5	5
6	6	6
7	7	7
8	8	8
9	9	9

Notes

To-Do

○

○

○

○

○

○

○

○

○

○

○

○

○

○

4 MONDAY	5 TUESDAY	6 WEDNESDAY	7 THURSDAY
7	7	7	7
8	8	8	8
9	9	9	9
10	10	10	10
11	11	11	11
12 PM	12 PM	12 PM	12 PM
1	1	1	1
2	2	2	2
3	3	3	3
4	4	4	4
5	5	5	5
6	6	6	6
7	7	7	7
8	8	8	8
9	9	9	9

JANUARY **2021**

WK 1

8 FRIDAY

7

8

9

10

11

12 PM

1

2

3

4

5

6

7

8

9

9 SATURDAY

7

8

9

10

11

12 PM

1

2

3

4

5

6

7

8

9

10 SUNDAY

7

8

9

10

11

12 PM

1

2

3

4

5

6

7

8

9

Notes

to-do

- ○
- ○
- ○
- ○
- ○
- ○
- ○
- ○
- ○
- ○
- ○
- ○
- ○
- ○

11 MONDAY	12 TUESDAY	13 WEDNESDAY	14 THURSDAY
7	7	7	7
8	8	8	8
9	9	9	9
10	10	10	10
11	11	11	11
12 PM	12 PM	12 PM	12 PM
1	1	1	1
2	2	2	2
3	3	3	3
4	4	4	4
5	5	5	5
6	6	6	6
7	7	7	7
8	8	8	8
9	9	9	9

JANUARY 2021

WK 2

15 FRIDAY	16 SATURDAY	17 SUNDAY
7	7	7
8	8	8
9	9	9
10	10	10
11	11	11
12 PM	12 PM	12 PM
1	1	1
2	2	2
3	3	3
4	4	4
5	5	5
6	6	6
7	7	7
8	8	8
9	9	9

Notes

To-Do

- ○
- ○
- ○
- ○
- ○
- ○
- ○
- ○
- ○
- ○
- ○
- ○
- ○
- ○

18 MONDAY

7
8
9
10
11
12 PM
1
2
3
4
5
6
7
8
9

19 TUESDAY

7
8
9
10
11
12 PM
1
2
3
4
5
6
7
8
9

20 WEDNESDAY

7
8
9
10
11
12 PM
1
2
3
4
5
6
7
8
9

21 THURSDAY

7
8
9
10
11
12 PM
1
2
3
4
5
6
7
8
9

22 FRIDAY	23 SATURDAY	24 SUNDAY
7	7	7
8	8	8
9	9	9
10	10	10
11	11	11
12 PM	12 PM	12 PM
1	1	1
2	2	2
3	3	3
4	4	4
5	5	5
6	6	6
7	7	7
8	8	8
9	9	9

Notes

To-Do

- ○
- ○
- ○
- ○
- ○
- ○
- ○
- ○
- ○
- ○
- ○
- ○
- ○
- ○

25 MONDAY

7

8

9

10

11

12 PM

1

2

3

4

5

6

7

8

9

26 TUESDAY

7

8

9

10

11

12 PM

1

2

3

4

5

6

7

8

9

27 WEDNESDAY

7

8

9

10

11

12 PM

1

2

3

4

5

6

7

8

9

28 THURSDAY

7

8

9

10

11

12 PM

1

2

3

4

5

6

7

8

9

JANUARY 2021

WK 4

29 FRIDAY

7

8

9

10

11

12 PM

1

2

3

4

5

6

7

8

9

30 SATURDAY

7

8

9

10

11

12 PM

1

2

3

4

5

6

7

8

9

31 SUNDAY

7

8

9

10

11

12 PM

1

2

3

4

5

6

7

8

9

Notes

To-Do

- ○
- ○
- ○
- ○
- ○
- ○
- ○
- ○
- ○
- ○
- ○
- ○
- ○
- ○

1 MONDAY

7
8
9
10
11
12 PM
1
2
3
4
5
6
7
8
9

2 TUESDAY

7
8
9
10
11
12 PM
1
2
3
4
5
6
7
8
9

3 WEDNESDAY

7
8
9
10
11
12 PM
1
2
3
4
5
6
7
8
9

4 THURSDAY

7
8
9
10
11
12 PM
1
2
3
4
5
6
7
8
9

5 FRIDAY

7
8
9
10
11
12 PM
1
2
3
4
5
6
7
8
9

6 SATURDAY

7
8
9
10
11
12 PM
1
2
3
4
5
6
7
8
9

7 SUNDAY

7
8
9
10
11
12 PM
1
2
3
4
5
6
7
8
9

Notes

To-Do

- ○
- ○
- ○
- ○
- ○
- ○
- ○
- ○
- ○
- ○
- ○
- ○
- ○
- ○

8 MONDAY

7

8

9

10

11

12 PM

1

2

3

4

5

6

7

8

9

9 TUESDAY

7

8

9

10

11

12 PM

1

2

3

4

5

6

7

8

9

10 WEDNESDAY

7

8

9

10

11

12 PM

1

2

3

4

5

6

7

8

9

11 THURSDAY

7

8

9

10

11

12 PM

1

2

3

4

5

6

7

8

9

12 FRIDAY	13 SATURDAY	14 SUNDAY
7	7	7
8	8	8
9	9	9
10	10	10
11	11	11
12 PM	12 PM	12 PM
1	1	1
2	2	2
3	3	3
4	4	4
5	5	5
6	6	6
7	7	7
8	8	8
9	9	9

Notes

To-Do

- ○
- ○
- ○
- ○
- ○
- ○
- ○
- ○
- ○
- ○
- ○
- ○
- ○
- ○

15 MONDAY	16 TUESDAY	17 WEDNESDAY	18 THURSDAY
7	7	7	7
8	8	8	8
9	9	9	9
10	10	10	10
11	11	11	11
12 PM	12 PM	12 PM	12 PM
1	1	1	1
2	2	2	2
3	3	3	3
4	4	4	4
5	5	5	5
6	6	6	6
7	7	7	7
8	8	8	8
9	9	9	9

WK 7

19 FRIDAY	20 SATURDAY	21 SUNDAY
7	7	7
8	8	8
9	9	9
10	10	10
11	11	11
12 PM	12 PM	12 PM
1	1	1
2	2	2
3	3	3
4	4	4
5	5	5
6	6	6
7	7	7
8	8	8
9	9	9

Notes

to-Do

- ○
- ○
- ○
- ○
- ○
- ○
- ○
- ○
- ○
- ○
- ○
- ○
- ○
- ○

22 MONDAY	23 TUESDAY	24 WEDNESDAY	25 THURSDAY
7	7	7	7
8	8	8	8
9	9	9	9
10	10	10	10
11	11	11	11
12 PM	12 PM	12 PM	12 PM
1	1	1	1
2	2	2	2
3	3	3	3
4	4	4	4
5	5	5	5
6	6	6	6
7	7	7	7
8	8	8	8
9	9	9	9

26 FRIDAY	27 SATURDAY	28 SUNDAY
7	7	7
8	8	8
9	9	9
10	10	10
11	11	11
12 PM	12 PM	12 PM
1	1	1
2	2	2
3	3	3
4	4	4
5	5	5
6	6	6
7	7	7
8	8	8
9	9	9

Notes

To-Do

- ○
- ○
- ○
- ○
- ○
- ○
- ○
- ○
- ○
- ○
- ○
- ○
- ○
- ○

1 MONDAY

7
8
9
10
11
12 PM
1
2
3
4
5
6
7
8
9

2 TUESDAY

7
8
9
10
11
12 PM
1
2
3
4
5
6
7
8
9

3 WEDNESDAY

7
8
9
10
11
12 PM
1
2
3
4
5
6
7
8
9

4 THURSDAY

7
8
9
10
11
12 PM
1
2
3
4
5
6
7
8
9

5 FRIDAY

7
8
9
10
11
12 PM
1
2
3
4
5
6
7
8
9

6 SATURDAY

7
8
9
10
11
12 PM
1
2
3
4
5
6
7
8
9

7 SUNDAY

7
8
9
10
11
12 PM
1
2
3
4
5
6
7
8
9

Notes

To-Do

- ○
- ○
- ○
- ○
- ○
- ○
- ○
- ○
- ○
- ○
- ○
- ○
- ○
- ○

8 MONDAY

7

8

9

10

11

12 PM

1

2

3

4

5

6

7

8

9

9 TUESDAY

7

8

9

10

11

12 PM

1

2

3

4

5

6

7

8

9

10 WEDNESDAY

7

8

9

10

11

12 PM

1

2

3

4

5

6

7

8

9

11 THURSDAY

7

8

9

10

11

12 PM

1

2

3

4

5

6

7

8

9

12 FRIDAY

7
8
9
10
11
12 PM
1
2
3
4
5
6
7
8
9

13 SATURDAY

7
8
9
10
11
12 PM
1
2
3
4
5
6
7
8
9

14 SUNDAY

7
8
9
10
11
12 PM
1
2
3
4
5
6
7
8
9

Notes

To-Do

15 MONDAY

7

8

9

10

11

12 PM

1

2

3

4

5

6

7

8

9

16 TUESDAY

7

8

9

10

11

12 PM

1

2

3

4

5

6

7

8

9

17 WEDNESDAY

7

8

9

10

11

12 PM

1

2

3

4

5

6

7

8

9

18 THURSDAY

7

8

9

10

11

12 PM

1

2

3

4

5

6

7

8

9

19 FRIDAY	20 SATURDAY	21 SUNDAY	Notes
7	7	7	
8	8	8	
9	9	9	
10	10	10	
11	11	11	
12 PM	12 PM	12 PM	
1	1	1	
2	2	2	
3	3	3	To-Do
4	4	4	○
5	5	5	○
6	6	6	○
7	7	7	○
8	8	8	○
9	9	9	○

22 MONDAY

7

8

9

10

11

12 PM

1

2

3

4

5

6

7

8

9

23 TUESDAY

7

8

9

10

11

12 PM

1

2

3

4

5

6

7

8

9

24 WEDNESDAY

7

8

9

10

11

12 PM

1

2

3

4

5

6

7

8

9

25 THURSDAY

7

8

9

10

11

12 PM

1

2

3

4

5

6

7

8

9

26 FRIDAY

7
8
9
10
11
12 PM
1
2
3
4
5
6
7
8
9

27 SATURDAY

7
8
9
10
11
12 PM
1
2
3
4
5
6
7
8
9

28 SUNDAY

7
8
9
10
11
12 PM
1
2
3
4
5
6
7
8
9

Notes

To-Do

29 MONDAY

7

8

9

10

11

12 PM

1

2

3

4

5

6

7

8

9

30 TUESDAY

7

8

9

10

11

12 PM

1

2

3

4

5

6

7

8

9

31 WEDNESDAY

7

8

9

10

11

12 PM

1

2

3

4

5

6

7

8

9

1 THURSDAY

7

8

9

10

11

12 PM

1

2

3

4

5

6

7

8

9

APRIL 2021
WK 13

2 FRIDAY

7
8
9
10
11
12 PM
1
2
3
4
5
6
7
8
9

3 SATURDAY

7
8
9
10
11
12 PM
1
2
3
4
5
6
7
8
9

4 SUNDAY

7
8
9
10
11
12 PM
1
2
3
4
5
6
7
8
9

Notes

To-Do

○
○
○
○
○
○
○
○
○
○
○
○
○
○

5 MONDAY

7

8

9

10

11

12 PM

1

2

3

4

5

6

7

8

9

6 TUESDAY

7

8

9

10

11

12 PM

1

2

3

4

5

6

7

8

9

7 WEDNESDAY

7

8

9

10

11

12 PM

1

2

3

4

5

6

7

8

9

8 THURSDAY

7

8

9

10

11

12 PM

1

2

3

4

5

6

7

8

9

9 FRIDAY	10 SATURDAY	11 SUNDAY
7	7	7
8	8	8
9	9	9
10	10	10
11	11	11
12 PM	12 PM	12 PM
1	1	1
2	2	2
3	3	3
4	4	4
5	5	5
6	6	6
7	7	7
8	8	8
9	9	9

Notes

To-Do

12 MONDAY

7

8

9

10

11

12 PM

1

2

3

4

5

6

7

8

9

13 TUESDAY

7

8

9

10

11

12 PM

1

2

3

4

5

6

7

8

9

14 WEDNESDAY

7

8

9

10

11

12 PM

1

2

3

4

5

6

7

8

9

15 THURSDAY

7

8

9

10

11

12 PM

1

2

3

4

5

6

7

8

9

WK 15

16 FRIDAY

7
8
9
10
11
12 PM
1
2
3
4
5
6
7
8
9

17 SATURDAY

7
8
9
10
11
12 PM
1
2
3
4
5
6
7
8
9

18 SUNDAY

7
8
9
10
11
12 PM
1
2
3
4
5
6
7
8
9

Notes

To-Do

19 MONDAY

7
8
9
10
11
12 PM
1
2
3
4
5
6
7
8
9

20 TUESDAY

7
8
9
10
11
12 PM
1
2
3
4
5
6
7
8
9

21 WEDNESDAY

7
8
9
10
11
12 PM
1
2
3
4
5
6
7
8
9

22 THURSDAY

7
8
9
10
11
12 PM
1
2
3
4
5
6
7
8
9

23 FRIDAY	24 SATURDAY	25 SUNDAY
7	7	7
8	8	8
9	9	9
10	10	10
11	11	11
12 PM	12 PM	12 PM
1	1	1
2	2	2
3	3	3
4	4	4
5	5	5
6	6	6
7	7	7
8	8	8
9	9	9

Notes

To-Do

- ○
- ○
- ○
- ○
- ○
- ○
- ○
- ○
- ○
- ○
- ○
- ○
- ○
- ○

26 MONDAY

7

8

9

10

11

12 PM

1

2

3

4

5

6

7

8

9

27 TUESDAY

7

8

9

10

11

12 PM

1

2

3

4

5

6

7

8

9

28 WEDNESDAY

7

8

9

10

11

12 PM

1

2

3

4

5

6

7

8

9

29 THURSDAY

7

8

9

10

11

12 PM

1

2

3

4

5

6

7

8

9

30 FRIDAY	1 SATURDAY	2 SUNDAY
7	7	7
8	8	8
9	9	9
10	10	10
11	11	11
12 PM	12 PM	12 PM
1	1	1
2	2	2
3	3	3
4	4	4
5	5	5
6	6	6
7	7	7
8	8	8
9	9	9

Notes

To-Do

- ○
- ○
- ○
- ○
- ○
- ○
- ○
- ○
- ○
- ○
- ○
- ○
- ○
- ○

3 MONDAY	4 TUESDAY	5 WEDNESDAY	6 THURSDAY
7	7	7	7
8	8	8	8
9	9	9	9
10	10	10	10
11	11	11	11
12 PM	12 PM	12 PM	12 PM
1	1	1	1
2	2	2	2
3	3	3	3
4	4	4	4
5	5	5	5
6	6	6	6
7	7	7	7
8	8	8	8
9	9	9	9

MAY 2021
WK 18

7 FRIDAY	8 SATURDAY	9 SUNDAY
7	7	7
8	8	8
9	9	9
10	10	10
11	11	11
12 PM	12 PM	12 PM
1	1	1
2	2	2
3	3	3
4	4	4
5	5	5
6	6	6
7	7	7
8	8	8
9	9	9

Notes

To-Do

- ○
- ○
- ○
- ○
- ○
- ○
- ○
- ○
- ○
- ○
- ○
- ○
- ○
- ○

10 MONDAY	11 TUESDAY	12 WEDNESDAY	13 THURSDAY
7	7	7	7
8	8	8	8
9	9	9	9
10	10	10	10
11	11	11	11
12 PM	12 PM	12 PM	12 PM
1	1	1	1
2	2	2	2
3	3	3	3
4	4	4	4
5	5	5	5
6	6	6	6
7	7	7	7
8	8	8	8
9	9	9	9

14 FRIDAY

7
8
9
10
11
12 PM
1
2
3
4
5
6
7
8
9

15 SATURDAY

7
8
9
10
11
12 PM
1
2
3
4
5
6
7
8
9

16 SUNDAY

7
8
9
10
11
12 PM
1
2
3
4
5
6
7
8
9

Notes

To-Do

17 MONDAY

7
8
9
10
11
12 PM
1
2
3
4
5
6
7
8
9

18 TUESDAY

7
8
9
10
11
12 PM
1
2
3
4
5
6
7
8
9

19 WEDNESDAY

7
8
9
10
11
12 PM
1
2
3
4
5
6
7
8
9

20 THURSDAY

7
8
9
10
11
12 PM
1
2
3
4
5
6
7
8
9

21 FRIDAY	22 SATURDAY	23 SUNDAY
7	7	7
8	8	8
9	9	9
10	10	10
11	11	11
12 PM	12 PM	12 PM
1	1	1
2	2	2
3	3	3
4	4	4
5	5	5
6	6	6
7	7	7
8	8	8
9	9	9

Notes

To-Do

- ○
- ○
- ○
- ○
- ○
- ○
- ○
- ○
- ○
- ○
- ○
- ○
- ○
- ○

24 MONDAY	25 TUESDAY	26 WEDNESDAY	27 THURSDAY
7	7	7	7
8	8	8	8
9	9	9	9
10	10	10	10
11	11	11	11
12 PM	12 PM	12 PM	12 PM
1	1	1	1
2	2	2	2
3	3	3	3
4	4	4	4
5	5	5	5
6	6	6	6
7	7	7	7
8	8	8	8
9	9	9	9

28 FRIDAY

7
8
9
10
11
12 PM
1
2
3
4
5
6
7
8
9

29 SATURDAY

7
8
9
10
11
12 PM
1
2
3
4
5
6
7
8
9

30 SUNDAY

7
8
9
10
11
12 PM
1
2
3
4
5
6
7
8
9

Notes

To-Do

○
○
○
○
○
○
○
○
○
○
○
○
○
○

31 MONDAY	1 TUESDAY	2 WEDNESDAY	3 THURSDAY
7	7	7	7
8	8	8	8
9	9	9	9
10	10	10	10
11	11	11	11
12 PM	12 PM	12 PM	12 PM
1	1	1	1
2	2	2	2
3	3	3	3
4	4	4	4
5	5	5	5
6	6	6	6
7	7	7	7
8	8	8	8
9	9	9	9

JUNE 2021
WK 22

4 FRIDAY	5 SATURDAY	6 SUNDAY
7	7	7
8	8	8
9	9	9
10	10	10
11	11	11
12 PM	12 PM	12 PM
1	1	1
2	2	2
3	3	3
4	4	4
5	5	5
6	6	6
7	7	7
8	8	8
9	9	9

Notes

To-Do

- ○
- ○
- ○
- ○
- ○
- ○
- ○
- ○
- ○
- ○
- ○
- ○
- ○
- ○

7 MONDAY

7
8
9
10
11
12 PM
1
2
3
4
5
6
7
8
9

8 TUESDAY

7
8
9
10
11
12 PM
1
2
3
4
5
6
7
8
9

9 WEDNESDAY

7
8
9
10
11
12 PM
1
2
3
4
5
6
7
8
9

10 THURSDAY

7
8
9
10
11
12 PM
1
2
3
4
5
6
7
8
9

11 FRIDAY

7

8

9

10

11

12 PM

1

2

3

4

5

6

7

8

9

12 SATURDAY

7

8

9

10

11

12 PM

1

2

3

4

5

6

7

8

9

13 SUNDAY

7

8

9

10

11

12 PM

1

2

3

4

5

6

7

8

9

Notes

to-do

○
○
○
○
○
○
○
○
○
○
○
○
○
○

14 MONDAY

7

8

9

10

11

12 PM

1

2

3

4

5

6

7

8

9

15 TUESDAY

7

8

9

10

11

12 PM

1

2

3

4

5

6

7

8

9

16 WEDNESDAY

7

8

9

10

11

12 PM

1

2

3

4

5

6

7

8

9

17 THURSDAY

7

8

9

10

11

12 PM

1

2

3

4

5

6

7

8

9

18 FRIDAY

7
8
9
10
11
12 PM
1
2
3
4
5
6
7
8
9

19 SATURDAY

7
8
9
10
11
12 PM
1
2
3
4
5
6
7
8
9

20 SUNDAY

7
8
9
10
11
12 PM
1
2
3
4
5
6
7
8
9

Notes

To-Do

○
○
○
○
○
○
○
○
○
○
○
○
○
○

21 MONDAY	22 TUESDAY	23 WEDNESDAY	24 THURSDAY
7	7	7	7
8	8	8	8
9	9	9	9
10	10	10	10
11	11	11	11
12 PM	12 PM	12 PM	12 PM
1	1	1	1
2	2	2	2
3	3	3	3
4	4	4	4
5	5	5	5
6	6	6	6
7	7	7	7
8	8	8	8
9	9	9	9

25 FRIDAY	26 SATURDAY	27 SUNDAY	*Notes*
7	7	7	
8	8	8	
9	9	9	
10	10	10	
11	11	11	
12 PM	12 PM	12 PM	
1	1	1	
2	2	2	
3	3	3	*To-Do*
4	4	4	○
5	5	5	○
6	6	6	○
7	7	7	○
8	8	8	○
9	9	9	○

28 MONDAY	29 TUESDAY	30 WEDNESDAY	1 THURSDAY
7	7	7	7
8	8	8	8
9	9	9	9
10	10	10	10
11	11	11	11
12 PM	12 PM	12 PM	12 PM
1	1	1	1
2	2	2	2
3	3	3	3
4	4	4	4
5	5	5	5
6	6	6	6
7	7	7	7
8	8	8	8
9	9	9	9

2 FRIDAY	3 SATURDAY	4 SUNDAY
7	7	7
8	8	8
9	9	9
10	10	10
11	11	11
12 PM	12 PM	12 PM
1	1	1
2	2	2
3	3	3
4	4	4
5	5	5
6	6	6
7	7	7
8	8	8
9	9	9

Notes

To-Do

- ○
- ○
- ○
- ○
- ○
- ○
- ○
- ○
- ○
- ○
- ○
- ○
- ○
- ○

5 MONDAY	6 TUESDAY	7 WEDNESDAY	8 THURSDAY
7	7	7	7
8	8	8	8
9	9	9	9
10	10	10	10
11	11	11	11
12 PM	12 PM	12 PM	12 PM
1	1	1	1
2	2	2	2
3	3	3	3
4	4	4	4
5	5	5	5
6	6	6	6
7	7	7	7
8	8	8	8
9	9	9	9

9 FRIDAY	10 SATURDAY	11 SUNDAY	Notes
7	7	7	
8	8	8	
9	9	9	
10	10	10	
11	11	11	
12 PM	12 PM	12 PM	
1	1	1	
2	2	2	
3	3	3	To-Do
4	4	4	○
			○
5	5	5	○
			○
6	6	6	○
			○
7	7	7	○
			○
8	8	8	○
			○
9	9	9	○
			○
			○
			○

12 MONDAY

7
8
9
10
11
12 PM
1
2
3
4
5
6
7
8
9

13 TUESDAY

7
8
9
10
11
12 PM
1
2
3
4
5
6
7
8
9

14 WEDNESDAY

7
8
9
10
11
12 PM
1
2
3
4
5
6
7
8
9

15 THURSDAY

7
8
9
10
11
12 PM
1
2
3
4
5
6
7
8
9

16 FRIDAY	17 SATURDAY	18 SUNDAY
7	7	7
8	8	8
9	9	9
10	10	10
11	11	11
12 PM	12 PM	12 PM
1	1	1
2	2	2
3	3	3
4	4	4
5	5	5
6	6	6
7	7	7
8	8	8
9	9	9

Notes

To-Do

19 MONDAY	20 TUESDAY	21 WEDNESDAY	22 THURSDAY
7	7	7	7
8	8	8	8
9	9	9	9
10	10	10	10
11	11	11	11
12 PM	12 PM	12 PM	12 PM
1	1	1	1
2	2	2	2
3	3	3	3
4	4	4	4
5	5	5	5
6	6	6	6
7	7	7	7
8	8	8	8
9	9	9	9

23 FRIDAY	24 SATURDAY	25 SUNDAY
7	7	7
8	8	8
9	9	9
10	10	10
11	11	11
12 PM	12 PM	12 PM
1	1	1
2	2	2
3	3	3
4	4	4
5	5	5
6	6	6
7	7	7
8	8	8
9	9	9

Notes

To-Do

- ○
- ○
- ○
- ○
- ○
- ○
- ○
- ○
- ○
- ○
- ○
- ○
- ○
- ○

26 MONDAY

7

8

9

10

11

12 PM

1

2

3

4

5

6

7

8

9

27 TUESDAY

7

8

9

10

11

12 PM

1

2

3

4

5

6

7

8

9

28 WEDNESDAY

7

8

9

10

11

12 PM

1

2

3

4

5

6

7

8

9

29 THURSDAY

7

8

9

10

11

12 PM

1

2

3

4

5

6

7

8

9

30 FRIDAY

7
8
9
10
11
12 PM
1
2
3
4
5
6
7
8
9

31 SATURDAY

7
8
9
10
11
12 PM
1
2
3
4
5
6
7
8
9

1 SUNDAY

7
8
9
10
11
12 PM
1
2
3
4
5
6
7
8
9

Notes

To-Do

2 MONDAY	3 TUESDAY	4 WEDNESDAY	5 THURSDAY
7	7	7	7
8	8	8	8
9	9	9	9
10	10	10	10
11	11	11	11
12 PM	12 PM	12 PM	12 PM
1	1	1	1
2	2	2	2
3	3	3	3
4	4	4	4
5	5	5	5
6	6	6	6
7	7	7	7
8	8	8	8
9	9	9	9

AUGUST 2021
WK 31

6 FRIDAY	7 SATURDAY	8 SUNDAY
7	7	7
8	8	8
9	9	9
10	10	10
11	11	11
12 PM	12 PM	12 PM
1	1	1
2	2	2
3	3	3
4	4	4
5	5	5
6	6	6
7	7	7
8	8	8
9	9	9

Notes

To-Do

9 MONDAY	10 TUESDAY	11 WEDNESDAY	12 THURSDAY
7	7	7	7
8	8	8	8
9	9	9	9
10	10	10	10
11	11	11	11
12 PM	12 PM	12 PM	12 PM
1	1	1	1
2	2	2	2
3	3	3	3
4	4	4	4
5	5	5	5
6	6	6	6
7	7	7	7
8	8	8	8
9	9	9	9

AUGUST 2021
WK 32

13 FRIDAY	14 SATURDAY	15 SUNDAY
7	7	7
8	8	8
9	9	9
10	10	10
11	11	11
12 PM	12 PM	12 PM
1	1	1
2	2	2
3	3	3
4	4	4
5	5	5
6	6	6
7	7	7
8	8	8
9	9	9

Notes

To-Do

16 MONDAY	17 TUESDAY	18 WEDNESDAY	19 THURSDAY
7	7	7	7
8	8	8	8
9	9	9	9
10	10	10	10
11	11	11	11
12 PM	12 PM	12 PM	12 PM
1	1	1	1
2	2	2	2
3	3	3	3
4	4	4	4
5	5	5	5
6	6	6	6
7	7	7	7
8	8	8	8
9	9	9	9

AUGUST 2021
WK 33

20 FRIDAY	21 SATURDAY	22 SUNDAY
7	7	7
8	8	8
9	9	9
10	10	10
11	11	11
12 PM	12 PM	12 PM
1	1	1
2	2	2
3	3	3
4	4	4
5	5	5
6	6	6
7	7	7
8	8	8
9	9	9

Notes

To-Do

- ○
- ○
- ○
- ○
- ○
- ○
- ○
- ○
- ○
- ○
- ○
- ○
- ○
- ○

23 MONDAY

7
8
9
10
11
12 PM
1
2
3
4
5
6
7
8
9

24 TUESDAY

7
8
9
10
11
12 PM
1
2
3
4
5
6
7
8
9

25 WEDNESDAY

7
8
9
10
11
12 PM
1
2
3
4
5
6
7
8
9

26 THURSDAY

7
8
9
10
11
12 PM
1
2
3
4
5
6
7
8
9

WK 34

27 FRIDAY

7
8
9
10
11
12 PM
1
2
3
4
5
6
7
8
9

28 SATURDAY

7
8
9
10
11
12 PM
1
2
3
4
5
6
7
8
9

29 SUNDAY

7
8
9
10
11
12 PM
1
2
3
4
5
6
7
8
9

Notes

To-Do

30 MONDAY	31 TUESDAY	1 WEDNESDAY	2 THURSDAY
7	7	7	7
8	8	8	8
9	9	9	9
10	10	10	10
11	11	11	11
12 PM	12 PM	12 PM	12 PM
1	1	1	1
2	2	2	2
3	3	3	3
4	4	4	4
5	5	5	5
6	6	6	6
7	7	7	7
8	8	8	8
9	9	9	9

SEPTEMBER 2021

WK 35

3 FRIDAY	4 SATURDAY	5 SUNDAY
7	7	7
8	8	8
9	9	9
10	10	10
11	11	11
12 PM	12 PM	12 PM
1	1	1
2	2	2
3	3	3
4	4	4
5	5	5
6	6	6
7	7	7
8	8	8
9	9	9

Notes

To-Do

6 MONDAY	7 TUESDAY	8 WEDNESDAY	9 THURSDAY
7	7	7	7
8	8	8	8
9	9	9	9
10	10	10	10
11	11	11	11
12 PM	12 PM	12 PM	12 PM
1	1	1	1
2	2	2	2
3	3	3	3
4	4	4	4
5	5	5	5
6	6	6	6
7	7	7	7
8	8	8	8
9	9	9	9

10 FRIDAY	11 SATURDAY	12 SUNDAY
7	7	7
8	8	8
9	9	9
10	10	10
11	11	11
12 PM	12 PM	12 PM
1	1	1
2	2	2
3	3	3
4	4	4
5	5	5
6	6	6
7	7	7
8	8	8
9	9	9

Notes

To-Do

- ○
- ○
- ○
- ○
- ○
- ○
- ○
- ○
- ○
- ○
- ○
- ○
- ○
- ○

13 MONDAY	14 TUESDAY	15 WEDNESDAY	16 THURSDAY
7	7	7	7
8	8	8	8
9	9	9	9
10	10	10	10
11	11	11	11
12 PM	12 PM	12 PM	12 PM
1	1	1	1
2	2	2	2
3	3	3	3
4	4	4	4
5	5	5	5
6	6	6	6
7	7	7	7
8	8	8	8
9	9	9	9

17 FRIDAY	18 SATURDAY	19 SUNDAY	*Notes*
7	7	7	
8	8	8	
9	9	9	
10	10	10	
11	11	11	
12 PM	12 PM	12 PM	
1	1	1	
2	2	2	
3	3	3	*to-do*
4	4	4	○ ○
5	5	5	○ ○
6	6	6	○ ○
7	7	7	○ ○
8	8	8	○ ○
9	9	9	○ ○ ○ ○

20 MONDAY

7

8

9

10

11

12 PM

1

2

3

4

5

6

7

8

9

21 TUESDAY

7

8

9

10

11

12 PM

1

2

3

4

5

6

7

8

9

22 WEDNESDAY

7

8

9

10

11

12 PM

1

2

3

4

5

6

7

8

9

23 THURSDAY

7

8

9

10

11

12 PM

1

2

3

4

5

6

7

8

9

24 FRIDAY

7
8
9
10
11
12 PM
1
2
3
4
5
6
7
8
9

25 SATURDAY

7
8
9
10
11
12 PM
1
2
3
4
5
6
7
8
9

26 SUNDAY

7
8
9
10
11
12 PM
1
2
3
4
5
6
7
8
9

Notes

To-Do

- ○
- ○
- ○
- ○
- ○
- ○
- ○
- ○
- ○
- ○
- ○
- ○
- ○
- ○

27 MONDAY

7
8
9
10
11
12 PM
1
2
3
4
5
6
7
8
9

28 TUESDAY

7
8
9
10
11
12 PM
1
2
3
4
5
6
7
8
9

29 WEDNESDAY

7
8
9
10
11
12 PM
1
2
3
4
5
6
7
8
9

30 THURSDAY

7
8
9
10
11
12 PM
1
2
3
4
5
6
7
8
9

OCTOBER 2021
WK 39

1 FRIDAY	2 SATURDAY	3 SUNDAY
7	7	7
8	8	8
9	9	9
10	10	10
11	11	11
12 PM	12 PM	12 PM
1	1	1
2	2	2
3	3	3
4	4	4
5	5	5
6	6	6
7	7	7
8	8	8
9	9	9

Notes

To-Do

- ○
- ○
- ○
- ○
- ○
- ○
- ○
- ○
- ○
- ○
- ○
- ○
- ○
- ○

4 MONDAY

7
8
9
10
11
12 PM
1
2
3
4
5
6
7
8
9

5 TUESDAY

7
8
9
10
11
12 PM
1
2
3
4
5
6
7
8
9

6 WEDNESDAY

7
8
9
10
11
12 PM
1
2
3
4
5
6
7
8
9

7 THURSDAY

7
8
9
10
11
12 PM
1
2
3
4
5
6
7
8
9

OCTOBER 2021
WK 40

8 FRIDAY	9 SATURDAY	10 SUNDAY
7	7	7
8	8	8
9	9	9
10	10	10
11	11	11
12 PM	12 PM	12 PM
1	1	1
2	2	2
3	3	3
4	4	4
5	5	5
6	6	6
7	7	7
8	8	8
9	9	9

Notes

To-Do

- ○
- ○
- ○
- ○
- ○
- ○
- ○
- ○
- ○
- ○
- ○
- ○
- ○
- ○

11 MONDAY	12 TUESDAY	13 WEDNESDAY	14 THURSDAY
7	7	7	7
8	8	8	8
9	9	9	9
10	10	10	10
11	11	11	11
12 PM	12 PM	12 PM	12 PM
1	1	1	1
2	2	2	2
3	3	3	3
4	4	4	4
5	5	5	5
6	6	6	6
7	7	7	7
8	8	8	8
9	9	9	9

WK 41

15 FRIDAY	16 SATURDAY	17 SUNDAY
7	7	7
8	8	8
9	9	9
10	10	10
11	11	11
12 PM	12 PM	12 PM
1	1	1
2	2	2
3	3	3
4	4	4
5	5	5
6	6	6
7	7	7
8	8	8
9	9	9

Notes

To-Do

18 MONDAY

7

8

9

10

11

12 PM

1

2

3

4

5

6

7

8

9

19 TUESDAY

7

8

9

10

11

12 PM

1

2

3

4

5

6

7

8

9

20 WEDNESDAY

7

8

9

10

11

12 PM

1

2

3

4

5

6

7

8

9

21 THURSDAY

7

8

9

10

11

12 PM

1

2

3

4

5

6

7

8

9

WK 42

22 FRIDAY

7
8
9
10
11
12 PM
1
2
3
4
5
6
7
8
9

23 SATURDAY

7
8
9
10
11
12 PM
1
2
3
4
5
6
7
8
9

24 SUNDAY

7
8
9
10
11
12 PM
1
2
3
4
5
6
7
8
9

Notes

To-Do

25 MONDAY

7

8

9

10

11

12 PM

1

2

3

4

5

6

7

8

9

26 TUESDAY

7

8

9

10

11

12 PM

1

2

3

4

5

6

7

8

9

27 WEDNESDAY

7

8

9

10

11

12 PM

1

2

3

4

5

6

7

8

9

28 THURSDAY

7

8

9

10

11

12 PM

1

2

3

4

5

6

7

8

9

29 FRIDAY

7
8
9
10
11
12 PM
1
2
3
4
5
6
7
8
9

30 SATURDAY

7
8
9
10
11
12 PM
1
2
3
4
5
6
7
8
9

31 SUNDAY

7
8
9
10
11
12 PM
1
2
3
4
5
6
7
8
9

Notes

To-Do

1 MONDAY	2 TUESDAY	3 WEDNESDAY	4 THURSDAY
7	7	7	7
8	8	8	8
9	9	9	9
10	10	10	10
11	11	11	11
12 PM	12 PM	12 PM	12 PM
1	1	1	1
2	2	2	2
3	3	3	3
4	4	4	4
5	5	5	5
6	6	6	6
7	7	7	7
8	8	8	8
9	9	9	9

NOVEMBER 2021

WK 44

5 FRIDAY	6 SATURDAY	7 SUNDAY
7	7	7
8	8	8
9	9	9
10	10	10
11	11	11
12 PM	12 PM	12 PM
1	1	1
2	2	2
3	3	3
4	4	4
5	5	5
6	6	6
7	7	7
8	8	8
9	9	9

Notes

To-Do

- ○
- ○
- ○
- ○
- ○
- ○
- ○
- ○
- ○
- ○
- ○
- ○
- ○
- ○

8 MONDAY	9 TUESDAY	10 WEDNESDAY	11 THURSDAY
7	7	7	7
8	8	8	8
9	9	9	9
10	10	10	10
11	11	11	11
12 PM	12 PM	12 PM	12 PM
1	1	1	1
2	2	2	2
3	3	3	3
4	4	4	4
5	5	5	5
6	6	6	6
7	7	7	7
8	8	8	8
9	9	9	9

NOVEMBER 2021
WK 45

12 FRIDAY	13 SATURDAY	14 SUNDAY
7	7	7
8	8	8
9	9	9
10	10	10
11	11	11
12 PM	12 PM	12 PM
1	1	1
2	2	2
3	3	3
4	4	4
5	5	5
6	6	6
7	7	7
8	8	8
9	9	9

Notes

to-do

- ○
- ○
- ○
- ○
- ○
- ○
- ○
- ○
- ○
- ○
- ○
- ○
- ○
- ○

15 MONDAY	16 TUESDAY	17 WEDNESDAY	18 THURSDAY
7	7	7	7
8	8	8	8
9	9	9	9
10	10	10	10
11	11	11	11
12 PM	12 PM	12 PM	12 PM
1	1	1	1
2	2	2	2
3	3	3	3
4	4	4	4
5	5	5	5
6	6	6	6
7	7	7	7
8	8	8	8
9	9	9	9

19 FRIDAY

7
8
9
10
11
12 PM
1
2
3
4
5
6
7
8
9

20 SATURDAY

7
8
9
10
11
12 PM
1
2
3
4
5
6
7
8
9

21 SUNDAY

7
8
9
10
11
12 PM
1
2
3
4
5
6
7
8
9

Notes

To-Do

- ○
- ○
- ○
- ○
- ○
- ○
- ○
- ○
- ○
- ○
- ○
- ○
- ○
- ○

22 MONDAY	23 TUESDAY	24 WEDNESDAY	25 THURSDAY
7	7	7	7
8	8	8	8
9	9	9	9
10	10	10	10
11	11	11	11
12 PM	12 PM	12 PM	12 PM
1	1	1	1
2	2	2	2
3	3	3	3
4	4	4	4
5	5	5	5
6	6	6	6
7	7	7	7
8	8	8	8
9	9	9	9

NOVEMBER 2021

WK 47

26 FRIDAY

7
8
9
10
11
12 PM
1
2
3
4
5
6
7
8
9

27 SATURDAY

7
8
9
10
11
12 PM
1
2
3
4
5
6
7
8
9

28 SUNDAY

7
8
9
10
11
12 PM
1
2
3
4
5
6
7
8
9

Notes

To-Do

- ○
- ○
- ○
- ○
- ○
- ○
- ○
- ○
- ○
- ○
- ○
- ○
- ○
- ○

29 MONDAY

7

8

9

10

11

12 PM

1

2

3

4

5

6

7

8

9

30 TUESDAY

7

8

9

10

11

12 PM

1

2

3

4

5

6

7

8

9

1 WEDNESDAY

7

8

9

10

11

12 PM

1

2

3

4

5

6

7

8

9

2 THURSDAY

7

8

9

10

11

12 PM

1

2

3

4

5

6

7

8

9

DECEMBER 2021
WK 48

3 FRIDAY

7
8
9
10
11
12 PM
1
2
3
4
5
6
7
8
9

4 SATURDAY

7
8
9
10
11
12 PM
1
2
3
4
5
6
7
8
9

5 SUNDAY

7
8
9
10
11
12 PM
1
2
3
4
5
6
7
8
9

Notes

To-Do

6 MONDAY	7 TUESDAY	8 WEDNESDAY	9 THURSDAY
7	7	7	7
8	8	8	8
9	9	9	9
10	10	10	10
11	11	11	11
12 PM	12 PM	12 PM	12 PM
1	1	1	1
2	2	2	2
3	3	3	3
4	4	4	4
5	5	5	5
6	6	6	6
7	7	7	7
8	8	8	8
9	9	9	9

10 FRIDAY	11 SATURDAY	12 SUNDAY
7	7	7
8	8	8
9	9	9
10	10	10
11	11	11
12 PM	12 PM	12 PM
1	1	1
2	2	2
3	3	3
4	4	4
5	5	5
6	6	6
7	7	7
8	8	8
9	9	9

Notes

To-Do

- ○
- ○
- ○
- ○
- ○
- ○
- ○
- ○
- ○
- ○
- ○
- ○
- ○
- ○

13 MONDAY

7

8

9

10

11

12 PM

1

2

3

4

5

6

7

8

9

14 TUESDAY

7

8

9

10

11

12 PM

1

2

3

4

5

6

7

8

9

15 WEDNESDAY

7

8

9

10

11

12 PM

1

2

3

4

5

6

7

8

9

16 THURSDAY

7

8

9

10

11

12 PM

1

2

3

4

5

6

7

8

9

17 FRIDAY	18 SATURDAY	19 SUNDAY
7	7	7
8	8	8
9	9	9
10	10	10
11	11	11
12 PM	12 PM	12 PM
1	1	1
2	2	2
3	3	3
4	4	4
5	5	5
6	6	6
7	7	7
8	8	8
9	9	9

Notes

To-Do

- ○
- ○
- ○
- ○
- ○
- ○
- ○
- ○
- ○
- ○
- ○
- ○
- ○
- ○

20 MONDAY

7
8
9
10
11
12 PM
1
2
3
4
5
6
7
8
9

21 TUESDAY

7
8
9
10
11
12 PM
1
2
3
4
5
6
7
8
9

22 WEDNESDAY

7
8
9
10
11
12 PM
1
2
3
4
5
6
7
8
9

23 THURSDAY

7
8
9
10
11
12 PM
1
2
3
4
5
6
7
8
9

WK 51

24 FRIDAY

7

8

9

10

11

12 PM

1

2

3

4

5

6

7

8

9

25 SATURDAY

7

8

9

10

11

12 PM

1

2

3

4

5

6

7

8

9

26 SUNDAY

7

8

9

10

11

12 PM

1

2

3

4

5

6

7

8

9

Notes

To-Do

27 MONDAY	28 TUESDAY	29 WEDNESDAY	30 THURSDAY
7	7	7	7
8	8	8	8
9	9	9	9
10	10	10	10
11	11	11	11
12 PM	12 PM	12 PM	12 PM
1	1	1	1
2	2	2	2
3	3	3	3
4	4	4	4
5	5	5	5
6	6	6	6
7	7	7	7
8	8	8	8
9	9	9	9

DECEMBER 2021

WK 52

31 FRIDAY	1 SATURDAY	2 SUNDAY
7	7	7
8	8	8
9	9	9
10	10	10
11	11	11
12 PM	12 PM	12 PM
1	1	1
2	2	2
3	3	3
4	4	4
5	5	5
6	6	6
7	7	7
8	8	8
9	9	9

Notes

To-Do

- ○
- ○
- ○
- ○
- ○
- ○
- ○
- ○
- ○
- ○
- ○
- ○
- ○
- ○

MONDAY	TUESDAY	WEDNESDAY	THURSDAY
29	30	1	2
6	7	8	9
13	14	15	16
20	21	22	23
27	28	29	30

JULY 2020

FRIDAY	SATURDAY	SUNDAY
3	4	5
10	11	12
17	18	19
24	25	26
31	1	2

MONDAY	TUESDAY	WEDNESDAY	THURSDAY
27	28	29	30
3	4	5	6
10	11	12	13
17	18	19	20
24 31	25	26	27

AUGUST 2020

FRIDAY	SATURDAY	SUNDAY
31	1	2
7	8	9
14	15	16
21	22	23
28	29	30

MONDAY	TUESDAY	WEDNESDAY	THURSDAY
31	1	2	3
7	8	9	10
14	15	16	17
21	22	23	24
28	29	30	1

SEPTEMBER 2020

FRIDAY	SATURDAY	SUNDAY
4	5	6
11	12	13
18	19	20
25	26	27
2	3	4

MONDAY	TUESDAY	WEDNESDAY	THURSDAY
28	29	30	1
5	6	7	8
12	13	14	15
19	20	21	22
26	27	28	29

OCTOBER 2020

FRIDAY	SATURDAY	SUNDAY
2	3	4
9	10	11
16	17	18
23	24	25
30	31	1

MONDAY	TUESDAY	WEDNESDAY	THURSDAY
26	27	28	29
2	3	4	5
9	10	11	12
16	17	18	19
23 / 30	24	25	26

NOVEMBER 2020

FRIDAY	SATURDAY	SUNDAY
30	31	1
6	7	8
13	14	15
20	21	22
27	28	29

MONDAY	TUESDAY	WEDNESDAY	THURSDAY
30	1	2	3
7	8	9	10
14	15	16	17
21	22	23	24
28	29	30	31

DECEMBER 2020

FRIDAY	SATURDAY	SUNDAY
4	5	6
11	12	13
18	19	20
25	26	27
1	2	3

MONDAY	TUESDAY	WEDNESDAY	THURSDAY
28	29	30	31
4	5	6	7
11	12	13	14
18	19	20	21
25	26	27	28

JANUARY **2021**

FRIDAY	SATURDAY	SUNDAY
1	2	3
8	9	10
15	16	17
22	23	24
29	30	31

MONDAY	TUESDAY	WEDNESDAY	THURSDAY
1	2	3	4
8	9	10	11
15	16	17	18
22	23	24	25
1	2	3	4

FEBRUARY 2021

FRIDAY	SATURDAY	SUNDAY
5	6	7
12	13	14
19	20	21
26	27	28
5	6	7

MONDAY	TUESDAY	WEDNESDAY	THURSDAY
1	2	3	4
8	9	10	11
15	16	17	18
22	23	24	25
29	30	31	1

MARCH 2021

FRIDAY	SATURDAY	SUNDAY
5	6	7
12	13	14
19	20	21
26	27	28
2	3	4

MONDAY	TUESDAY	WEDNESDAY	THURSDAY
29	30	31	1
5	6	7	8
12	13	14	15
19	20	21	22
26	27	28	29

APRIL 2021

FRIDAY	SATURDAY	SUNDAY
2	3	4
9	10	11
16	17	18
23	24	25
30	1	2

MONDAY	TUESDAY	WEDNESDAY	THURSDAY
26	27	28	29
3	4	5	6
10	11	12	13
17	18	19	20
24 / 31	25	26	27

MAY 2021

FRIDAY	SATURDAY	SUNDAY
30	1	2
7	8	9
14	15	16
21	22	23
28	29	30

MONDAY	TUESDAY	WEDNESDAY	THURSDAY
31	1	2	3
7	8	9	10
14	15	16	17
21	22	23	24
28	29	30	1

JUNE 2021

FRIDAY	SATURDAY	SUNDAY
4	5	6
11	12	13
18	19	20
25	26	27
2	3	4

MONDAY	TUESDAY	WEDNESDAY	THURSDAY
28	29	30	1
5	6	7	8
12	13	14	15
19	20	21	22
26	27	28	29

JULY **2021**

FRIDAY	SATURDAY	SUNDAY
2	3	4
9	10	11
16	17	18
23	24	25
30	31	1

MONDAY	TUESDAY	WEDNESDAY	THURSDAY
26	27	28	29
2	3	4	5
9	10	11	12
16	17	18	19
23 / 30	24 / 31	25	26

AUGUST 2021

FRIDAY	SATURDAY	SUNDAY
30	31	1
6	7	8
13	14	15
20	21	22
27	28	29

MONDAY	TUESDAY	WEDNESDAY	THURSDAY
30	31	1	2
6	7	8	9
13	14	15	16
20	21	22	23
27	28	29	30

SEPTEMBER 2021

FRIDAY	SATURDAY	SUNDAY
3	4	5
10	11	12
17	18	19
24	25	26
1	2	3

MONDAY	TUESDAY	WEDNESDAY	THURSDAY
27	28	29	30
4	5	6	7
11	12	13	14
18	19	20	21
25	26	27	28

OCTOBER 2021

FRIDAY	SATURDAY	SUNDAY
1	2	3
8	9	10
15	16	17
22	23	24
29	30	31

MONDAY	TUESDAY	WEDNESDAY	THURSDAY
1	2	3	4
8	9	10	11
15	16	17	18
22	23	24	25
29	30	1	2

NOVEMBER **2021**

FRIDAY	SATURDAY	SUNDAY
5	6	7
12	13	14
19	20	21
26	27	28
3	4	5

MONDAY	TUESDAY	WEDNESDAY	THURSDAY
29	30	1	2
6	7	8	9
13	14	15	16
20	21	22	23
27	28	29	30

DECEMBER 2021

FRIDAY	SATURDAY	SUNDAY
3	4	5
10	11	12
17	18	19
24	25	26
31	1	2

⏲	MON	TUE	WED	THU	FRI	SAT	SUN

WEEKLY SCHEDULE

🕘	MON	TUE	WED	THU	FRI	SAT	SUN

Date:	Subject:
Participants:	

Notes

Date:	Subject:
Participants:	

Notes

MEETING NOTES

Date:	Subject:
Participants:	

Notes

Date:	Subject:
Participants:	

Notes

Date:	Subject:
Participants:	

Notes

Date:	Subject:
Participants:	

Notes

MEETING NOTES

Date:	Subject:
Participants:	

Notes

Date:	Subject:
Participants:	

Notes

Date:	Subject:
Participants:	

Notes

Date:	Subject:
Participants:	

Notes

MEETING NOTES

Date:	Subject:
Participants:	

Notes

Date:	Subject:
Participants:	

Notes

Date:	Subject:
Participants:	

Notes

Date:	Subject:
Participants:	

Notes

MEETING NOTES

Date:	Subject:
Participants:	

Notes

Date:	Subject:
Participants:	

Notes

NOTES

NOTES

NOTES

NOTES

CONTACTS

CONTACTS

www.ingramcontent.com/pod-product-compliance
Lightning Source LLC
LaVergne TN
LVHW080850240726
843527LV00052B/298

* 9 7 8 3 9 4 7 8 0 8 5 2 6 *